Positive Quotes Latinos

Latinos Positivos ante el Cambio

Nery Román

ISBN-13:
978-1726400640

ISBN-10:
1726400646

Love yourself and don't be
afraid to express who you
are ...
Be a proud latino!

Amate a ti mismo, y no
tengas miedo de expresar
quién eres...
Orgullo Latino.

Your positive action joint
with positive thinking causes
success…Together Latinos

Tus acciones positivas juntas
con tus pensamientos
positivos llegan al
éxito…Juntos Latinos

Live life to the maximum
and concentrate on the
positive…Latin Power

Vive la vida a lo máximo y
concéntrate en lo positivo…
El poder Latino

Stay positive and
happy…Latinos

Quédate positive y serás
Feliz…Latinos

Each day, I come in with a positive attitude, trying to get better… Latinos

Cada día empieza con una actitud positiva y con ganas de mejorar… Latinos

"Comienza a vivir, contando
cada día separado, como
una vida independiente."

Rompe la rutina y obtendrás
lo que quieres en la vida.
Latinos

La única manera de evitar el
fracaso es no dejar de
intentar cualquier cosa.

No tengas miedo a fallar…
así es cómo lo logras.

Además, es sólo realmente
un fracaso si dejas de tratar.

No seamos celoso o celosas.
Los celos son una emoción
destructiva… Latinos

Personas que no son felices
se llenan de un vacío
emocional a través de las
emociones negativas. Sea
positivo… Latino

Se trata de creer en ti Latino,
cuando nadie mas lo hace…
Viva la libertad de
expresión. Latino

Da el primer paso, el miedo
no te seguirá… Latino

Supera el miedo al fracaso
visualizando el peor de los
caso. Latino

Cuando somos pensamos en el miedo, negatividades, preocupación, duda, crítica, juicio, ira, frustración, ansiedad, negatividad y otros, no estamos enfocados en lo que queremos.

"¿Cómo vives la vida al máximo?"

¿Qué has hecho hoy para
vivir la vida al máximo
Latino?

Utiliza tus fracasos para aprender de ellos y se mas FUERTE, Latino…

SER CREATIVO, SIN TENER MIEDO A LO QUE DIGAN LOS DEMAS

Cuando estamos enfocados
en lo que no queremos, todo
lo que vemos, nuestras ideas
y decisiones se basan en lo
que no queremos. Latino

Cuando sabemos lo que
queremos, le damos nosotros
mismos la capacidad de
imaginar nuevas
posibilidades y generar ideas
sobre cómo ser y qué hacer
o decir en cada momento

para que sea una realidad.
Latino…

Efecto poderoso, sobrevivir y
prosperar… Latino

Cuando nos enfrentamos a la realidad de pérdida del empleo, inmigración, podemos pensar sobre lo que es importante "nuestras familias," latino…

Cuando todos los miembros de su familia están felices, esto contribuye a su éxito individual y a su familia Latino…

La inversión que hacemos
ahora regresa a nosotros con
el doble de bendiciones.

Tenemos una gran tarea
porque somos Latinos…

Mejórate a ti y podrás
alcanzar grandeza y
prosperar. Latino…

Mantenga un diario de gratitud...Latino.

Cuenta tus bendiciones Latino….

Se Feliz

Nery Román

www.ingramcontent.com/pod-product-compliance
Lightning Source LLC
Chambersburg PA
CBHW061325250726
48657CB00003B/1045